MINISTÈRE DE L'INSTRUCTION PUBLIQUE ET DES BEAUX-ARTS

MUSÉE PÉDAGOGIQUE

41, rue Gay-Lussac, 41.

SERVICE DES PROJECTIONS LUMINEUSES

NOTICE SUR LES VUES

L'EFFORT ANGLAIS

par D. PASQUET

Professeur au Lycée Condorcet.

MELUN

IMPRIMERIE ADMINISTRATIVE

1918

La présente notice doit être renvoyée au Musée Pédagogique avec les Vues.

TABLE DES VUES

L'EFFORT ANGLAIS

N° 1 — Trois ministres anglais :
Sir Edward Grey, M. Balfour, M. Lloyd George.

Sir Edward Grey était ministre des Affaires étrangères dans le cabinet présidé par M. Asquith qui détenait le pouvoir en juillet 1914. C'est donc à lui qu'incomba la tâche difficile et périlleuse de conduire la diplomatie anglaise dans les journées tragiques qui précédèrent la rupture avec l'Allemagne.

Le ministère Asquith appartenait au parti libéral, et l'une des raisons d'être de ce parti était son opposition à la politique impérialiste suivie par le parti conservateur dans les dernières années du xix⁰ siècle et dans les premières années du xx⁰. Préoccupés uniquement de réformes intérieures, les libéraux paraissaient aussi peu faits que possible pour s'opposer aux visées agressives de l'Allemagne et pour engager l'Angleterre dans une grande guerre contre les puissances centrales. L'opinion publique anglaise aurait, d'ailleurs, difficilement compris une guerre dont le point de départ eût été le désir de venir en aide à la Serbie contre l'Autriche.

Aussi Sir E. Grey comprit-il son rôle comme étant avant tout un rôle de pacificateur. Le but qu'il se proposa fut de conserver la paix générale et, s'il n'y parve-

naît pas, de tenir tout au moins l'Angleterre en dehors
de la lutte. Les documents diplomatiques qui ont été
publiés montrent avec quelle ingéniosité il s'employa à
essayer de maintenir la paix, en profitant des relations
amicales qu'avait l'Angleterre avec les deux groupes de
puissances en présence. Il y aurait sans doute réussi,
s'il avait rencontré à Berlin une bonne foi égale à la
sienne. Mais en Allemagne et en Autriche, le parti militaire était décidé à la guerre. Peut-être même l'Angleterre apparut-elle aux hommes d'État allemands
comme si pacifique, si désireuse de maintenir la paix à
tout prix, que leurs projets belliqueux en furent encou-
ragés. Ils n'hésitèrent pas à lui proposer un honteux
marché, aux termes duquel elle les aurait laissés libres
d'écraser la France, l'Allemagne s'engageant seulement
à se contenter de nos colonies. Sir E. Grey repoussa
dédaigneusement ces avances.

L'agression contre la France, sous le prétexte absurde
que des aviateurs français avaient bombardé Nuremberg,
acheva de l'éclairer. L'invasion de la Belgique compléta
sa conversion et celle du peuple anglais. Ce fut en vain
que, perdant toute présence d'esprit, le chancelier allemand reprocha à l'ambassadeur d'Angleterre de se for-
maliser pour un simple « chiffon de papier ». Sir E. Grey
fut d'avis qu'un chiffon de papier au bas duquel l'Angleterre avait mis sa signature avait quelque valeur, et
qu'il ne suffisait pas, pour excuser la violation de la
neutralité belge, de dire que « nécessité ne connaît pas
de loi ». (1) L'Angleterre ne pouvait, du reste, autoriser

---

(1) L'Allemagne n'avait pas encore découvert à cette époque
qu'elle avait été menacée par la Belgique et qu'elle n'avait fait
qu'user du droit de légitime défense !

l'occupation, même provisoire, d'Anvers et de la côte belge par l'Allemagne. Et c'est ainsi que, malgré tous ses efforts, Sir E. Grey, représentant d'un ministère dont une des idées favorites avait été de s'entendre avec l'Allemagne pour la limitation des armements, se trouva amené à rompre avec Berlin.

M. Balfour, qui remplace actuellement Sir E. Grey aux affaires étrangères, n'est pas, comme lui, un membre du parti libéral, mais au contraire un des chefs du parti conservateur, dont il a même été, pendant plusieurs années, le *leader* principal. Il entra dans le ministère Asquith au mois de juin 1915, époque où la crise des munitions, dont nous parlerons plus loin, obligea le ministère libéral à se reconstituer et à faire appel aux hommes les plus marquants du parti opposé : M. Bonar Law, Sir Edward Carson, M. Arthur Balfour. Dans ce ministère de coalition, M. Balfour qui sait unir la finesse écossaise à l'esprit réaliste de l'Anglais du Sud, a été l'un des principaux artisans du rapprochement assez délicat entre l'Angleterre et les États-Unis. Il est un des orateurs les plus écoutés de la Chambre des Communes et l'un des meilleurs représentants de l'ancienne éloquence parlementaire, sobre et classique.

Tout différent est M. Lloyd George, dont la parole, tantôt véhémente et imagée, tantôt incisive et mordante, dit assez l'origine galloise. Il est à peine besoin de présenter à un auditoire français ce grand orateur, aussi habile à conduire la Chambre des Communes qu'à dominer un *meeting* tumultueux. M. Lloyd George, surtout connu avant la guerre pour ses budgets radicaux, ses lois sociales ses campagnes contre les grands propriétaires fonciers et ses attaques contre la Chambre des Lords, est devenu depuis 1914 le champion de la lutte à outrance contre l'Allemagne. Comme ministre des Munitions d'abord, puis, à partir de décembre 1916, comme premier ministre, il a été le grand organisateur de la résistance anglaise. Il a apporté à cette tâche toutes les ressources d'un esprit vigoureux, sans préjugés, sans rancunes politiques, uniquement préoccupé du salut de la nation.

N° 2. — Affiche pour le recrutement des volontaires.

L'artiste a représenté un *highlander* dans le costume national qui a presque disparu de l'Ecosse et qui ne se conserve plus guère que comme l'uniforme de certains régiments. Le costume est plus pittoresque que celui du soldat ordinaire, et l'on a sans doute espéré qu'il aurait sur les indécis un attrait plus puissant.

La vieille Angleterre — celle d'avant la guerre — était extrèmement hostile, dans son ensemble, à tout ce qui de près ou de loin faisait penser au militarisme. La conscription apparaissait à beaucoup d'Anglais comme le symbole de la servitude, et, tranchons le mot, de l'infériorité des peuples du continent; elle semblait si peu conforme aux idées régnantes en Angleterre que l'idée de l'y établir souleva d'abord en Allemagne un rire universel. Non seulement toutes les antiques traditions de liberté politique étaient favorables au volontariat et contraires à la conscription, mais il ne manquait pas de gens pour déclarer que le sacrifice le plus grand qu'un homme puisse faire, le sacrifice de sa vie, doit être consenti librement et non pas imposé par une autorité extérieure. Imposer la conscription, c'était enlever tout mérite au sacrifice, rabaisser la nation, déshonorer l'Angleterre. Fallait-il donc remplacer le mot de Nelson — « l'Angleterre s'attend à ce que tout le monde fasse son devoir » — par cette autre formule : « l'Angleterre oblige tout le monde à faire son devoir » ?

On voulait donc conserver le volontariat, en faisant appel, par tous les moyens de propagande, à tous ceux qui voudraient s'engager. L'affiche fut un des moyens de propagande les plus puissants. On rappelle ici à ceux qui passent que « leur roi et leur pays ont besoin d'eux, pour maintenir l'honneur et la gloire de l'Empire britannique », et qu'un petit chiffon de papier (il s'agit, bien entendu, de la neutralité belge) est pour la Grande-Bretagne une obligation d'honneur. Il fallait toucher aussi ceux qui ne lisent pas les affiches ou qui ferment les yeux : des recruteurs parcouraient les rues de Londres et des grandes villes, haranguant la foule, comme le faisaient en temps de paix les « officiers » de l'Armée du Salut.

« Juché sur son taxi, l'officier recruteur parlait; de temps en temps un homme sortait de cette foule et s'en allait rejoindre un rang d'hommes en casquettes ou en chapeaux ronds : les recrues, les convertis de cette heure-là, qu'encadrait un peloton strict et droit de soldats en khaki...Les fifres et tambours sonnaient ; d'un seul geste, brusque et bref, les soldats épaulaient leurs fusils, et le peloton partait, scandant le pas, les hommes en veston encadrés par les hommes en uniforme » ...(1)

Les résultats de cette propagande furent admirables : plus de 3 millions d'hommes s'enrôlèrent volontairement.

____

(1) Chevrillon. *L'Angleterre et la guerre* (Hachette), p. 162.

Il y en avait cependant qui ne s'enrôlaient pas. On chantait au front, à leur adresse, un couplet humoristique :

« Envoyez les gosses de la brigade des garçons. Ils défendront la liberté de la vieille Angleterre. Envoyez mon frère, ma sœur ou ma mère ; mais pour l'amour de Dieu, que je reste à la maison ! »

Contre ces réfractaires, on employa des méthodes des plus en plus énergiques et pressantes. On leur écrivit pour leur demander d'examiner si les motifs qui les empêchaient de s'engager auraient une valeur quelconque dans un pays de conscription. Des voisins, le *clergyman* de l'endroit, les membres du comité local leur firent des visites et tâchèrent d'éveiller leurs scrupules. Dans les derniers temps même, ce qu'on appela le système Derby fut une sorte de volontariat obligatoire, ceux qui ne portaient pas le brassard des engagés étant désignés par cela même au mépris public. Par une série de transitions insensibles on s'acheminait vers la conscription. Des savants démontrèrent enfin que la conscription, bien loin d'être contraire aux traditions nationales, était une des plus vieilles institutions du pays : dès l'époque saxonne, les rois avaient le droit de convoquer leurs sujets pour la défense de l'Angleterre, et ce droit n'avait jamais été prescrit. Tout était donc pour le mieux ; il ne restait plus qu'à voter la loi, ce qui fut fait sans difficulté. La révolution que l'on escomptait en Allemagne ne se produisit pas, ceux qui avaient été le plus hostiles au principe ayant décidé, une fois la loi votée, de s'abstenir de toute agitation.

N° 3 — Augmentation de l'armée en Angleterre.

L'Angleterre, qui, d'après les écrivains allemands, a machiné la guerre contre l'innocente Germanie, disposait en 1914, pour la réalisation de ses ténébreux desseins, de 223.000 hommes d'armée active et de 263.000 territoriaux, ces derniers incapables, pour la plupart, d'entrer en campagne avant de longs délais. Elle pouvait prélever immédiatement sur ces troupes un corps expéditionnaire de 160.000 hommes, ce corps que Guillaume II appela, d'un mot célèbre, la « méprisable petite armée du maréchal French ». Cent soixante mille hommes pour faire la conquête de l'Allemagne, c'était peu de chose, et si l'Angleterre avait eu réellement les desseins que les Allemands lui ont prêtés, elle aurait fait preuve d'une folie sans exemple dans l'histoire du monde.

Mais l'Angleterre ne méditait nullement la conquête de l'Allemagne. Elle était pacifique, persuadée que la grande guerre ne se produirait peut-être jamais et que, si elle se produisait, l'Angleterre, invulnérable dans son île, saurait se tenir à l'écart de la conflagration universelle. C'est en vain que Lord Roberts, le vétéran des guerres coloniales, avait entrepris une campagne pour l'augmentation de l'armée et l'établissement des méthodes continentales de conscription. En vain ceux qui revenaient d'Allemagne et qui avaient vu autre chose que la surface du pays rapportaient la conviction que toute la puissance allemande était tendue vers la guerre, que celle-ci était certaine, prochaine même, et qu'il fallait s'y préparer. On ne les écoutait pas. Les deux partis orthodoxes — libéraux et conservateurs — et le parti travailliste s'entendaient, pour une fois, à tourner en ridicule ceux que l'on considérait comme des énergumènes. Il fallait voir de quelle façon M. Lloyd George — le futur ministre de la guerre à outrance — arrangeait alors le petit groupe des « paniquards » (*war panickers*).

C'est ainsi que l'Angleterre, à laquelle pourtant les avertissements n'avaient pas manqué, en était restée à son corps expéditionnaire de 160.000 hommes. La vue nous montre ce que ces 160.000 hommes étaient devenus vers la fin de 1917. L'armée active de 200.000 hommes était passée à 5 millions, sans compter l'armée des Indes. Les colonies autonomes avaient porté à un million d'hommes des forces qui étaient presque nulles en 1914 et bien insignifiantes encore en 1915. Actuellement (juin 1918) l'ensemble des troupes levées par l'Angleterre et ses *dominions* atteint environ 7 millions d'hommes. La « méprisable petite armée » de soldats mercenaires est devenue un peuple en armes,

N° 4 — Trois généraux anglais: Kitchener, Douglas Haig, Allenby.

Lord Kitchener of Khartoum était bien connu en France avant 1914 comme ayant été d'abord l'organisateur et le chef de l'armée égyptienne (1), puis le chef d'état-major de l'armée chargée d'opérer contre les Boers dans l'Afrique du Sud. C'est à lui que l'on eut recours lorsqu'il s'agit de transformer en une grande armée nationale les 160.000 hommes du corps expéditionnaire. On sait que ce grand organisateur disparut dans un torpillage, au nord de l'Ecosse.

Le maréchal Douglas Haig, qui a succédé au maréchal French à la tête des armées anglaises sur le front français, est également bien connu. Quand au général

(1) C'est en qualité de *Sirdar* de l'armée égyptienne et au moment où il venait de détruire la puissance des Mahdistes du Soudan égyptien que Kitchener se trouva en face de l'expédition Marchand qui venait d'arriver à Fachoda.

Allenby, il commandait pendant la retraite de la Marne le corps de cavalerie anglaise qui, placé à notre extrême gauche joua un rôle très difficile et très important. Il commande actuellement en Egypte et en Palestine les troupes britanniques, à la tête desquelles il est entré à Jérusalem en décembre 1917, et vient d'entrer à Damas (octobre 1918).

N° 5 — École d'officiers à Trinity College, Cambridge.

Pour l'immense armée qu'a improvisée l'Angleterre il a fallu improviser aussi un cadre d'officiers. Nous voyons ici un certain nombre de ces futurs chefs qui font leur apprentissage du métier militaire dans le cadre pittoresque d'un vieux collège gothique de l'université de Cambridge. Comme l'Angleterre manquait de casernes et d'établissements militaires, les collèges des universités, presque vides de leur population habituelle, se sont trouvés tout désignés pour devenir des hôpitaux ou des centres d'instruction.

Beaucoup des jeunes gens qui figurent sur cette vue ne sont pas dépaysés dans ce cadre universitaire, Ceux que Rudyard Kipling appelait autrefois les « sots en flanelle », c'est-à-dire ces étudiants qui paraissaient uniquement préoccupés de leur tennis, de leur *cricket* et de leur canotage, se sont engagés par milliers et sont morts par milliers, à la tête de leur section ou de leur compagnie. L'Angleterre a eu, elle aussi, son hécatombe d'intellectuels. Et s'il est peut-être exagéré de comprendre également sous le nom d'intellectuels les jeunes gens de grande famille qui viennent ordinairement perdre quelques années dans les universités anglaises, il faut convenir que ces médiocres étudiants ont fait de courageux soldats. Un an après la déclaration de guerre, la Chambre des Lords avait déjà perdu 47 héritiers d'une pairie anglaise.

Le mélange de classes sociales qui se fait au front et la cordialité qui règne entre les soldats et leurs chefs ne peut manquer d'avoir des conséquences importantes pour l'avenir de la nation. Chez aucun peuple d'Europe les classes sociales n'étaient, avant la guerre, aussi tranchées qu'en Angleterre ; chez aucun peuple ne sévissait au même point ce que les écrivains anglais ont appelé le « snobisme », c'est-à-dire le sentiment de la caste. Avec le grand brassage social qui se fait au front, le snobisme aura de la peine à subsister.

N° 6 — Une rue de Melbourne : départ d'un contingent australien.

Cette vue nous donne un exemple de ce qu'ont fait pour la mère-patrie les colonies autonomes (*dominions*) de l'Angleterre.

Avec le manque de sens psychologique qui les caractérise, les Allemands s'étaient imaginé que les dépendances lointaines du Royaume-Uni s'empresseraient de profiter de la guerre pour parachever leur indépendance. L'Australie et la Nouvelle-Zélande se désintéresseraient sans nul doute du sort de la vieille Angleterre. Le Canada se révolterait probablement. Au Sud de l'Afrique, les Boers n'attendaient que l'occasion de reprendre les armes ; la maison Krupp, qui avait autrefois fourni une partie du matériel destiné à la conquête, ferait de son mieux pour les aider à leur tour, et le Kaiser était prêt à leur communiquer un de ces plans de campagne infaillibles dont il a le secret et qui ont jadis, affirme-t-il, amené la victoire des Anglais sur les Boers.

L'Allemagne n'avait oublié qu'une chose : c'est que l'Angleterre n'a pas traité ses colonies comme l'Empire allemand a traité l'Alsace-Lorraine, la Pologne prussienne ou le Schleswig. A l'Afrique du Sud elle-même, la conquête à peine finie, l'Angleterre avait accordé la liberté politique, et l'Allemagne a bien dû reconnaître qu'il existe entre les hommes des liens plus forts que ceux de la contrainte matérielle. L'Afrique du Sud ne s'est pas révoltée ; l'équipée de quelques brouillons a fini par un lamentable échec. Sous la direction de l'ancien adversaire des Anglais, du général Botha, premier ministre de la colonie, les troupes sud-africaines ont conquis les colonies allemandes du voisinage. Un contingent sud-africain combat même sur notre front. Le Canada ne s'est pas révolté ; il a établi la conscription. Sans aller aussi loin (1), l'Australie a fait un magnifique effort ; les volontaires australiens qui se battent sur le front français sont, de l'avis de tous, et des Allemands eux-mêmes, parmi les meilleures troupes du monde. Au total, les colonies autonomes de l'Angleterre avaient, en juin 1918, levé plus d'un million de soldats, presque tous volontaires.

Il y a plus. Contrairement aux suppositions allemandes, un des résultats de la guerre sera certainement de resserrer les liens assez lâches qui unissaient ensemble les diverses parties de l'Empire britannique. On parle d'un Parlement commun. Dès à présent, l'ébauche de ce Parlement existe dans les réunions fréquentes des premiers ministres coloniaux et des ministres anglais. On discute, pour la période de guerre et pour l'après-

---

(1) Un projet de conscription n'a été repoussé en Australie qu'à une très faible majorité.

guerre, l'utilisation des matières premières, et le taux du tarif qui devra être appliqué aux alliés, aux neutres et aux ennemis. Pour certaines colonies, l'Australie en particulier, la guerre a été une révélation de l'emprise économique allemande, et ces colonies comptent être maîtresses chez elles, même après la signature du traité de paix. Toutes ces tendances, cimentées par le sang versé en commun sur les champs de bataille de France, ne sont pas sans causer quelque inquiétude à Berlin.

Nº 7 — La fabrication des pièces de gros calibre.

Les ouvriers qui figurent sur cette vue nous permettent de nous rendre compte de l'énorme dimension des pièces qui sont en cours de fabrication.

Avant la guerre, l'Angleterre n'avait que trois arsenaux, qui travaillaient surtout pour la marine. L'armée de terre avait une artillerie de campagne proportionnée au chiffre des troupes, c'est-à-dire presque insignifiante. L'artillerie lourde n'existait pas.

C'est à M. Lloyd George, devenu ministre des Munitions, qu'incomba la tâche d'organiser la production du matériel immense qui était indispensable à une armée de 5 millions d'hommes. Bien plus, les Alliés de l'Angleterre — la France, l'Italie, la Russie surtout — réclamaient l'aide de l'Angleterre, et une partie de la production anglaise devait forcément leur être consacrée. Dans un effort gigantesque, l'Angleterre improvisa 150 arsenaux. Des prairies paisibles, des landes désertes se couvrirent soudainement de constructions. On acheta des machines en Amérique. De pacifiques ateliers qui fabriquaient de la papeterie, de la crème pour chaussures, des bougies, des gramophones, se transformèrent en usines de guerre. Outre les arsenaux, qui dépendent directement du ministère des Munitions, plus de 5.000 usines sont contrôlées par les services de ce ministère. La production du matériel a augmenté dans des proportions presque incroyables. Au commencement de l'année 1917, la production des mitrailleuses était devenue 27 fois plus forte que dans la première année de la guerre, la production des canons de calibre moyen 36 fois plus forte, la production des canons lourds 11 fois plus forte. La production des munitions a marché de pair, comme nous le verrons, avec la production de l'artillerie.

Cette activité industrielle intense ne peut manquer d'avoir une grande influence sur l'avenir économique de l'Angleterre. L'industrie anglaise, qui avait avant la guerre une tendance à s'endormir, s'est réveillée brusquement. Le rythme de la production s'est accéléré. De puissantes fédérations industrielles se sont constituées et subsisteront après la guerre. De nouvelles industries, comme celles des matières colorantes, ont été créées de toutes pièces, sous la pression de la nécessité.

N° 8 — Femmes travaillant aux munitions.

Comme en France, les femmes ont joué en Angleterre un rôle de premier ordre dans les industries de guerre. Du 1er août 1914 au 1er octobre 1916, huit cent cinquante mille femmes devinrent des ouvrières d'industrie, et leur nombre n'a pas cessé d'augmenter. Beaucoup plus d'un million de femmes sont aujourd'hui employées dans les usines de guerre.

Il y a là toute une révolution. Dans l'Angleterre d'avant la guerre, toute l'organisation du travail était contrôlée par de puissants syndicats, ou *trade unions,* dont les règlements protégeaient jalousement dans chaque profession les privilèges de l'ouvrier qualifié. Dans un établissement métallurgique, par exemple, les règlements syndicaux s'opposaient à ce que l'on fît travailler, à côté des ouvriers qualifiés, plus d'une certaine proportion de manœuvres, et ces manœuvres ne devaient faire qu'une certaine partie, bien spécifiée, du travail de l'usine, à l'exclusion de tout ce qui devait être réservé aux mécaniciens professionnels. L'objet de ces règlements était, naturellement, d'empêcher l'avilissement des salaires.

Dans l'intérêt supérieur de la Défense nationale, les *trade unions* ont renoncé, pour la durée de la guerre, à l'application de ces règlements, l'Etat ayant pris de son côté l'engagement de les remettre en vigueur aussitôt après la fin des hostilités. Cette suspension a permis d'introduire dans les procédés industriels une extrême division du travail et d'utiliser ainsi les services d'un grand nombre de manœuvres, et surtout de femmes, pour des opérations qui, aux termes des règlements syndicaux, n'auraient dû être faites que par des ouvriers qualifiés. Ce système, auquel on a donné le nom de *dilution,* et qui consiste en effet à mélanger dans des proportions variables les ouvriers qualifiés et les manœuvres, a eu pour conséquence une extrême rapidité dans le travail et une production intense.

Il n'est pas douteux que l'entrée des femmes, en masses compactes, dans la vie industrielle, ne doive avoir sur l'avenir économique et social de l'Angleterre une influence considérable. Déjà le Parlement s'en est rendu compte, et une loi récente a accordé le droit de vote à plusieurs millions d'Anglaises.

N° 9 — **Une mer d'obus.**

Cette photographie donne une idée du gigantesque effort de l'Angleterre. Elle représente une partie des magasins d'une usine qui s'occupe du chargement des obus. Dans une des usines qui dépendent du ministère des Munitions, ces magasins couvrent plus de 4 hectares.

Les autorités militaires anglaises ne s'aperçurent cependant pas tout d'abord de l'importance primordiale de la question des munitions. Une crise terrible se produisit au printemps 1915. Il fallut, à l'exemple de la France, créer un ministère des Munitions, à la tête duquel fut placé M. Lloyd George. Ce dernier, dont on retrouve partout l'influence au cours de cette guerre, accéléra vigoureusement la production. En 1917, on a produit 25 fois plus d'obus de petit calibre qu'en 1915, — 52 fois plus d'obus pour obusiers de campagne — 71 fois plus d'obus pour canons et obusiers moyens, — 423 fois plus d'obus pour artillerie lourde. La fabrication des explosifs s'est accrue dans les mêmes proportions. Les matières grasses mises au rebut dans l'alimentation du front servent à fabriquer de la glycérine ; on récupère ainsi chaque année de quoi charger plus de 12 millions d'obus de petit calibre.

N° 10 — **Construction de voies ferrées à l'arrière du front.**

A un moindre degré que pour les Américains, mais dans une notable mesure cependant, la guerre sur le front occidental a pour les Anglais le caractère d'une expédition lointaine qu'il faut organiser avec un soin minutieux. Des millions d'hommes, des millions de tonnes de matériel de guerre et d'approvisionnements doivent être amenés dans les ports anglais, transportés à travers la Manche, débarqués dans l'une des *bases* anglaises et répartis ensuite entre les diverses unités du front. A part la longueur du voyage, la série d'opérations est aussi compliquée que s'il s'agissait d'une expédition dans l'Afrique du Sud.

Il est indispensable que les *bases* soient reliées au front et que les diverses parties du front soient reliées entre elles par des lignes de chemin de fer aussi nombreuses et aussi directes que possible. C'est la construction d'une de ces lignes que nous avons ici sous les yeux.

N° 11 — Dans la région flamande ; transport des réserves anglaises au moment d'une attaque.

Les troupes sont transportées sur un de ces petits chemins de fer à voie étroite que les Anglais ont multipliés sur leur front. Il suffit de regarder cette photographie pour se rendre compte du moral splendide de ces jeunes soldats, heureux d'aller se battre contre les « Huns ». La scène tout entière fait un contraste absolu avec l'idée que l'on se fait ordinairement de l'impassibilité anglaise.

N° 12 — Une attaque à l'aube.

Les troupes canadiennes, qui comptent parmi les meilleurs contingents de l'armée anglaise, sortent de leurs tranchées pour attaquer les positions allemandes sur la crête de Vimy. Cet instantané donne une idée très exacte et très frappante du commencement d'une attaque dans la guerre moderne.

N° 13 — Un char de guerre anglais.

Si les Allemands, préparés depuis longtemps à la guerre, ont eu au début des hostilités l'avantage du matériel et des progrès techniques, les Anglais ont su depuis se mettre à leur niveau et ,sur plus d'un point, les dépasser. C'est ainsi que, reprenant et transformant l'antique invention du char de guerre, ils ont réalisé le rêve d'un de leurs romanciers, le cuirassé terrestre, capable de traverser les tranchées, de franchir les obstacles et, au besoin, de les écraser. Peut-être par suite d'une utilisation un peu prématurée, cette invention n'a pas donné au début tous les résultats qu'on en espérait, mais le principe en est excellent ; on en trouve la preuve dans le fait que les Allemands se sont empressés de l'imiter. Dans notre offensive de juillet 1918, les *tanks* ont joué un rôle capital et sont la terreur des soldats allemands.

N° 14 — Entrée des troupes anglaises dans Péronne.

La vue nous montre une avant-garde anglaise entrant dans Péronne, que les Allemands venaient d'évacuer, à la suite de la grande retraite d'Hindenburg. L'état lamentable de nos villes françaises, les destructions systématiques opérées par les Allemands dans leur retraite, sans la moindre nécessité militaire, ont fortifié dans le cœur de tous les soldats anglais le désir de vaincre; et les permissionnaires qui retournent chez eux ne manquent pas de faire connaître dans leur entourage la façon barbare dont les Allemands se sont comportés dans les régions qu'ils ont envahies.

On sait que les pauvres ruines de Péronne ont été reperdues lors de l'avance des Allemands sur Amiens, et reconquises une seconde fois.

N° 15 — **Un corps de chameliers en Palestine.**

Les armées anglaises n'ont pas eu seulement à faire face à l'ennemi sur le front occidental. Par suite de l'alliance entre la Turquie et l'Allemagne, l'Angleterre a dû mobiliser sur le front d'Asie des forces très importantes, destinées à protéger ses colonies et à assurer les communications maritimes des Alliés avec l'Extrême-Orient et l'Australasie. Ces expéditions ont retenu en Asie Mineure et en Mésopotamie des troupes turques que la stratégie des puissances centrales n'aurait pas demandé mieux que d'employer ailleurs, et elles ont abouti à des conquêtes qui sont loin d'être négligeables.

Les Allemands et les Turcs avaient formé le projet de soulever contre la France, l'Italie et l'Angleterre les populations musulmanes de l'Afrique du Nord, auxquelles on présentait le Khalife de Constantinople comme le vrai chef temporel et spirituel du monde musulman, et Guillaume II comme le protecteur de l'islamisme. Ce plan devait débuter par le soulèvement et la conquête de l'Egypte; l'occupation de ce pays et du canal de Suez aurait pour résultat d'intercepter les communications entre les Alliés et l'Extrême-Orient, ou du moins de les rendre beaucoup plus longues et plus difficiles. On croyait pouvoir compter sur les nationalistes égyptiens et le Khédive lui-même était, comme l'évènement le prouva, entièrement acquis aux projets turco-allemands.

En réalité, l'Égypte ne s'est pas soulevée. Le Khédive a été déposé et a dû se réfugier en Suisse, où il devenu l'un des agents de l'espionnage germanique, C'est au contraire la Turquie qui a perdu la plus grande partie de l'Arabie, où les populations de l'Iledjaz, mécontentes depuis longtemps de la domination turque, se sont déclarées indépendantes sous la direction du chérif de la Mecque. Non seulement les Anglais ont défendu l'Egypte et le canal de Suez contre toutes les attaques, mais encore, à l'exemple de Napoléon, ils ont porté la guerre en Palestine et conquis tout le pays jusqu'à Damas (octobre 1918).

L'expédition a été très difficile. La vue permet de se rendre compte du caractère du pays, vaste plateau pierreux, souvent dénué de végétation et presque sans eau. Il a fallu organiser le ravitaillement au moyen de chameaux que l'on vient ici d'abreuver à l'un des rares points d'eau du pays.. Mais les Anglais achèvent actuellement la construction d'un chemin de fer qui mettra Jérusalem et la Palestine centrale en relation avec l'Egypte.

N° 16 — Entrée de l'armée anglaise à Jérusalem.

La vue réprésente le général Allenby, commandant de l'expédition anglaise, faisant son entrée dans Jérusalem, accompagné des représentants de la France et de l'Italie. Le cortège vient de franchir une des vieilles portes de la ville et s'avance sous la lumière crue du ciel d'Orient, tandis que la population se presse dans la rue, sur les balcons et sur les terrasses, pour contempler ce curieux spectacle. Elle le contemple avec sympathie, car les chrétiens, les juifs et même les musulmans de Palestine avaient peu de raisons d'être satisfaits du régime turc qui se traduisait surtout par des vexations continuelles, des impôts de toute espèce et des réquisitions écrasantes.

L'impression produite dans tout l'Orient par la prise de Jérusalem a été considérable, car Jérusalem est une ville sainte pour les musulmans comme pour les chrétiens et les juifs. La Syrie, opprimée depuis si longtemps par les pachas turcs, auxquels se sont ajoutés depuis la guerre des officiers allemands, a vu dans l'occupation de Jérusalem le signe de son indépendance prochaine. Aux Israélites de tous les pays, cette occupation est apparue comme une renaissance de la patrie, et si beaucoup ne songent pas à quitter leurs affaires et leur patrie d'adoption pour aller, comme les « Sionistes » enthousiastes, cultiver la vigne et le figuier dans la plaine de Jéricho, il en est peu, dans les pays neutres comme dans les pays alliés, qui n'aient applaudi à la chute d'un régime abhorré. Peut-être le Temple se relèvera-t-il un jour de ses ruines; mais pour le moment il est surtout question d'établir à Jérusalem une grande Université qui deviendrait un centre intellectuel pour les Israélites dispersés à travers le monde.

N° 17 — Transports sur le Tigre.

De même qu'ils avaient espéré le soulèvement de l'Egypte, les Allemands et les Turcs avaient compté sur le soulèvement de l'Inde. Tout un réseau d'intrigues, dont le développement fut brusquement arrêté par la police américaine, avait été ourdi aux Etats-Unis entre les agents de l'Allemagne et des conspirateurs venus de Bombay ou de Calcutta. Mais là encore les espoirs allemands ont été déçus. L'Inde ne s'est pas plus soulevée que l'Egypte. Les princes indigènes ont offert à l'Angleterre leur aide et leurs trésors; un assez grand nombre ont tenu à honneur de prendre eux-mêmes le commandement de leurs troupes contre l'ennemi commun. Par engagements volontaires l'Inde a levé, depuis le commencement de la guerre, plus d'un million et demi de soldats ; et au lieu d'envahir l'Inde, comme ils espéraient le faire avec la collaboration des chefs suédois de la gendarmerie persane, les Turco-Allemands en ont été réduits à se défendre chez eux.

Ce sont en effet les Anglais qui, de l'Inde, ont envahi la Mésopotamie et conquis toute la basse vallée du Tigre et de l'Euphrate. Dans cette région, la principale voie de pénétration est le Tigre, sur lequel ces deux vues nous montrent, l'une un chaland moderne chargé de locomotives pour le chemin de fer de Bagdad, l'autre un bateau indigène, fort semblable à celui qu'utilisaient les Chaldéens, portant des provisions pour l'armée. Ce rapprochement entre la civilisation moderne et l'une des plus anciennes civilisations du globe est, en quelque sorte un symbole, qui montre ce que peuvent redevenir ces contrées, autrefois les plus riches et les plus fertiles du monde, lorsqu'elles seront débarrassées de ce régime d'exploitation, de désordre et de ruine qu'ont établi les Turcs partout où ils sont passés.

N° 18 — Entrée des troupes anglaises à Bagdad.

On sait qu'après un premier échec et malgré une vive résistance de l'ennemi, les armées anglaises ont considérablement dépassé Bagdad, mettant fin au rêve allemand du Berlin-Bagdad qui a été une des grandes idées du règne de Guillaume II. La prise de Bagdad, la vieille capitale des Khalifes abbassides, n'a pas eu moins de retentissement en Orient que celle de Jérusalem ; et là aussi, comme la vue permet de s'en rendre compte, l'arrivée des Européens a été accueillie par les indigènes avec la plus vive satisfaction. A l'exception de quelques tribus pillardes, la population arabe de Bagdad et de la Mésopotamie est trop heureuse d'être débarrassée des Turcs, qui n'ont su que transformer le pays en désert et qui, dans les derniers temps de leur domination, avaient encore aggravé leurs méthodes ordinaires de rapines et de brigandage. On espère que l'expulsion des Turcs, que l'on souhaite définitive, sera pour la vieille Chaldée le signal d'une résurrection, et que les plaines de Mésopotamie, cultivées de nouveau comme autrefois, redeviendront comme aux temps anciens le paradis terrestre du genre humain.

N° 19 — La conquête des colonies allemandes (carte).

Si l'Allemagne, profitant de son attaque brusquée, a occupé des territoires considérables sur le front occidental, et, grâce à l'anarchie russe, a réalisé des conquêtes plus étendues encore sur le front oriental, il convient de ne pas oublier qu'elle a, par contre, perdu toutes ses colonies. Les Japonais lui ont pris ses possessions d'Extrême-Orient, les Français ont collaboré avec les Anglais à la conquête du Togo, les Belges ont pris part, avec les Français et les Anglais, à la conquête du Cameroun ; mais le poids principal de la lutte a porté sur l'Angleterre et ses *dominions*. C'est ainsi que, comme le montre la vue, l'Ouest Africain a été occupé par les troupes anglaises, unies à celles de la République sud-africaine et de la Rhodésia, et l'Est-Africain par les troupes anglaises aidées de quelques contingents coloniaux. A cet effort commun pour chasser les Allemands de l'Afrique, les rois des populations noires de l'Afrique du Sud ont eux-mêmes tenu à collaborer. Dans l'Océan Pacifique, les Néo-Zélandais et les Australiens ont mis la main sur les îles Samoa, sur les îles Salomon, sur la partie allemande de la nouvelle Guinée, et, à en juger par les déclarations du premier ministre australien, ne semblent nullement disposés à les rendre, toute influence allemande en Océanie leur paraissant aussi peu désirable que possible. La façon dont la presse allemande parle de cette question des colonies prouve bien qu'en Allemagne on n'est pas sans inquiétude à ce sujet. Quoi qu'il en soit, il est certain que l'occupation des colonies allemandes est loin d'être sans importance, comme contrepartie des « gages » que les Allemands détiennent en Europe et de la fameuse « carte de guerre » dont ils ne cessent de nous entretenir.

N° 20 — Campagne dans l'Est Africain allemand.

Exemple d'une des campagnes coloniales dont nous venons de parler. Dans cette campagne de l'Est Africain, l'Angleterre a employé surtout des troupes hindoues, qui se sont vaillamment comportées. Nous voyons ici une des voitures de ravitaillement de l'armée traversant à gué une rivière pour déboucher dans une route improvisée que des travailleurs indigènes ont taillée à travers la forêt tropicale.

N° 21 — Accroissement de la marine anglaise.

En 1914, la flotte anglaise était déjà, et de beaucoup, la première du monde. Dans les années précédentes, elle avait continué de s'augmenter et de se renouveler, bien que plus lentement que d'ordinaire; car le ministère libéral, très pacifique, voulait éviter tout ce qui pouvait ressembler à une provocation envers l'Allemagne. Depuis la déclaration de guerre, elle s'est considérablement accrue. Le chiffre des effectifs en dit plus long que tous les commentaires : 140.000 hommes en 1914, plus de 300.000 en 1916, environ 400.000 en 1917-1918.

Le rôle de la flotte anglaise a été — en apparence — moins important dans la guerre actuelle que dans bien des guerres antérieures. Il n'y a pas eu de victoires éclatantes, pas d'Aboukir ni de Trafalgar, pour l'excellente raison que la flotte allemande est prudemment restée à l'abri des canons d'Heligoland, ou dans le port de Kiel ou dans celui de Wilhelmshafen. L'engagement le plus sérieux est celui qui s'est produit sur la côte du Jutland, et où les croiseurs légers qui formaient l'avant-garde de la flotte britannique se sont trouvés en présence d'une grande partie de la flotte allemande. L'Allemagne célébra cet engagement comme une grande victoire, bien que sa flotte se fût empressée de rentrer au port, sans attendre l'arrivée du gros des forces anglaises. Mais il est à remarquer que depuis cette prétendue victoire les cuirassés allemands se sont abstenus de se montrer en pleine mer.

En réalité, le rôle de la flotte anglaise dans la grande guerre a été capital. C'est elle qui a bloqué la flotte allemande et l'Allemagne elle-même. C'est elle qui permet, en dépit de la campagne sous-marine, la libre circulation des Alliés sur les mers. C'est grâce à elle que les Alliés ont pu recevoir, en quantités suffisantes, le blé et les autres denrées qui leur sont indispensables.

Aussi les Allemands réclament-ils avec énergie ce qu'ils appellent « la liberté des mers ». Mais si la flotte anglaise n'existait pas, on ne tarderait pas à voir ce que signifie cette « liberté ».

N° 22 — Deux chefs de la marine anglaise : l'amiral Jellicoe et l'amiral Beatty.

Les deux hommes qui ont été successivement à la tête de la marine britannique et qui ont organisé la surveillance des mers, contre l'Allemagne et dans l'intérêt des Alliés. C'est grâce à leurs efforts qu'une flotte, à la préparation de laquelle l'Allemagne avait consacré plus de sept milliards et demi, reste maintenant inutilisée dans ses ports et que tout navire allemand a disparu de la surface de l'eau. Il est inutile d'ajouter que la direction d'une armée navale qui comprend plus de 4.000 unités n'est pas une sinécure, et que le rôle du commandant en chef de cette armée navale n'est pas, à certains égards, moins important que celui d'un général en chef sur le front.

N° 23 — Navires de guerre, sous-marins, hydro-aéroplanes.

La marine anglaise, qui avait créé le type du *dreadnought*, avait peut-être un peu trop sacrifié avant la guerre à la passion du cuirassé. Il ne faut pas oublier cependant que les cuirassés anglais sont loin d'être inutiles, en ce sens que par le fait seul de leur existence ils interdisent toute sortie à la flotte allemande qui, sans eux, ne manquerait pas de signaler sa présence.

Mais depuis la guerre, sans renoncer aux *dread-noughts* indispensables, la marine anglaise s'est adaptée aux conditions nouvelles, comme le prouvent les contre-torpilleurs, les sous-marins et les hydro-aéroplanes qu'elle a construits en nombre toujours croissant.

N° 24 — Lancement d'une torpille

Exercice de tir à bord d'un contre-torpilleur anglais. Lancement de la torpille qui, après sa course dans l'eau, sera repêchée par un canot et ramenée au navire.

N° 25 — La chasse aux sous-marins.

Dans l'une de ces vues, deux marins anglais sont en train d'attacher à une bouée le bout d'un filet destiné à la capture des sous-marins. Dans la seconde, ils établissent le contact avec les batteries électriques qui feront exploser les mines lorsqu'un sous-marin se jettera dans le filet.

La campagne sous-marine allemande, qui, d'après les pangermanistes, devait mettre l'Angleterre à genoux dans l'espace de trois mois, atteignit au commencement de l'année 1917 un degré d'extrême gravité. Il ne servait de rien de protester contre le procédé sauvage qui consistait à couler corps et biens, sans avertissement, tous les navires, ennemis ou neutres, qui se trouvaient dans une certaine zone; on se moquait, à Berlin, de ces considérations humanitaires. Le seul remède était de couler les sous-marins eux-mêmes. La marine anglaise s'y employa énergiquement. De nombreux petits bateaux, sur lesquels servent plus de 14.000 marins, furent transformés en patrouilleurs;

des mines, des filets d'acier furent placés aux points de passage des sous-marins. Des ports de la côte belge, comme Ostende et Zeebrugge, dont les sous-marins faisaient leur repaire, furent « embouteillés », au prix de sacrifices héroïques. Un ministre anglais a pu dire récemment que les Alliés coulent actuellement plus de sous-marins que les Allemands n'en peuvent construire, et que les chantiers alliés construisent actuellement plus de navires que les sous-marins n'en coulent. La campagne sous-marine paraît bien avoir échoué définitivement. Son résultat principal aura été d'amener les Etats-Unis à se ranger du côté des Alliés.

N° 26 — **Les restrictions** (*affiches*).

Dans la première de ces quatre affiches de propagande, une ménagère est en train de couper des tranches de pain; dans le fond, le navire qui apporte le blé, au risque d'être torpillé. La légende dit : « Ne perdez pas le pain; économisez deux grosses tranches par jour et vous vaincrez le sous-marin ».

La seconde représente une cuisine anglaise, avec l'inscription : « La cuisine est la *clef* de la victoire ».

Dans la troisième et la quatrième, un soldat et un marin invitent énergiquement les civils à faire, eux aussi, leur devoir. Le marin dit : « Nous risquons notre vie pour vous apporter à manger, ne gaspillez rien ». Et le soldat: « Faites votre part! Economisez la nourriture ».

De bonne heure, en effet, et surtout à partir de la grande campagne sous-marine de 1917, les restrictions sont devenues en Angleterre une impérieuse nécessité. Avant la guerre, l'Angleterre importait à peu près *les deux tiers* des produits alimentaires qui lui étaient indispensables. Le tonnage disponible ne suffisant plus, il a fallu non seulement supprimer l'importation des marchandises qui n'étaient pas strictement nécessaires, mais aussi réduire les importations essentielles. De là les affiches que nous avons sous les yeux.

Elles n'ont pas été sans influence, et l'on a beaucoup fait volontairement. Les restrictions volontaires n'ont pas suffi cependant. Il a fallu nommer un « contrôleur des vivres » qui a la haute main sur la production, l'importation et la distribution des denrées alimentaires. Des cartes de toute espèce ont été créées, comme en France et bien plus tôt qu'en France. Pour empêcher la spéculation, l'État fixe le prix des denrées de première nécessité et veille à ce que la taxe soit respectée. Il s'est fait acheteur en gros, unique acheteur du sucre d'abord, puis du blé, puis de la viande congelée. Il encourage la production agricole, si délaissée avant la guerre, en garantissant un prix minimum aux produits anglais. Par contre, l'obligation de mettre en culture toutes les terres cultivables a été inscrite dans la loi. La Couronne, les municipalités, les possesseurs de grands domaines ont donné l'exemple en mettant la charrue dans leurs parcs ; les propriétaires et les fermiers négligents ou récalcitrants ont été frappés de lourdes amendes.

Quel que puisse être le résultat de ces efforts, qui aboutiront peut-être à une renaissance de l'agriculture anglaise, il faut convenir qu'actuellement la situation de l'Angleterre au point de vue alimentaire, est sensiblement plus pénible que la nôtre, comme ont pu le constater tous les Français, qui ont passé la Manche depuis deux ans. Les Anglais supportent courageusement ces ennuis et ces privations, en répétant la phrase qui est, pour ainsi dire, le mot d'ordre de leur race : « Nous ne céderons jamais » *(We'll never give in).*

Nº 27 — **Les emprunts anglais** (*affiches.*)

Ces affiches sont destinées aux petits souscripteurs. La première nous montre l'Allemand aplati sous le poids d'une « couronne » (pièce de 5 shillings) anglaise, avec la légende : « Prêtez vos 5 shillings à votre pays et écrasez les Allemands ». La seconde, qui représente la métamorphose des pièces d'argent en balles de fusil, exhorte le passant à « transformer à la poste son argent en balles ».

Le poids financier de la guerre a porté sur l'Angleterre plus que sur aucun autre des pays alliés. Non seulement la Grande-Bretagne a dû faire face à d'énormes dépenses pour sa marine et son armée (le total des crédits de guerre votés par le Parlement atteignait en juin 1918 environ 175 milliards), mais elle a dû subvenir encore, au moins partiellement, aux besoins financiers de ses Alliés : à la même date de juin 1918, elle leur avait avancé plus de 34 milliards, sans compter les 5 milliards et demi qui avaient été prêtés aux colonies britanniques.

Pour réaliser ces sommes prodigieuses, l'Angleterre a eu recours à l'emprunt, et, grâce à son crédit resté intact, elle a pu contracter ces emprunts dans des conditions satisfaisantes. Mais plus encore qu'à l'emprunt elle a eu recours à l'impôt, qui n'engage pas l'avenir et ne compromet pas d'avance la situation des générations futures. Ainsi les bénéfices de guerre ont été taxés à raison de 60 pour 100 d'abord et plus tard à raison de 80 pour 100. L'*income tax* (impôt sur le revenu) dépasse souvent 25 pour 100 et, pour les gros revenus, atteint 40 pour 100. Ces énormes impôts n'ont provoqué aucune résistance parce qu'ils ont porté sur toutes les classes, à proportion des ressources de chacune.

N° 28 — **Souscription à l'emprunt dans une école primaire.**

La scène se passe dans la banlieue de Londres.

Comme chaque semaine, les enfants apportent à leurs maîtres les petites économies de la semaine précédente. Par acomptes souvent minimes, ils arrivent ainsi à verser le montant d'un « certificat d'économie de guerre », émis à 15 shillings 6 pence (19 fr. 40) et remboursable au bout de 5 ans à 25 francs. Déjà, comme l'indiquent les chiffres inscrits à la gauche sur le tableau, 482 livres (plus de 12.000 francs) ont été encaissés de cette manière dans une circonscription scolaire qui est surtout peuplée de petits employés et d'ouvriers.

Les « certificats d'économie de guerre » ont eu un grand succès, puisqu'en février 1917, moins d'un an après leur création, on en avait délivré pour plus de deux milliards. Mais le but du gouvernement anglais, en les instituant, n'a pas été seulement de se procurer de l'argent; il a voulu faire œuvre éducatrice et développer l'esprit d'économie dans des classes sociales où cet esprit n'existait guère autrefois. Il faut avouer, en effet, que l'ouvrier anglais d'avant-guerre avait la réputation d'être fort peu prévoyant, et que sa conduite, si nous la jugeons d'après nos idées françaises, méritait dans bien des cas cette réputation. Les « certificats d'économie » ont donc eu le double avantage de répandre le goût de l'épargne dans des milieux où ce goût n'était pas très développé, et d'intercepter au profit du Trésor et de la nation des suppléments de salaire qui couraient le plus grand risque de passer entre les mains du cabaretier.

N° 29 — **Une alerte dans une école maternelle.**

La vue nous montre les exercices que l'on fait faire aux enfants et aux maîtresses des écoles maternelles ou des garderies d'enfants, afin de les habituer à gagner rapidement leur abri lorsque des zeppelins ou des avions viennent, suivant la formule des communiqués allemands, lancer quelques bombes « sur les établissements militaires de la forteresse de Londres ».

L'idée de considérer la ville de Londres et aussi, du reste, toutes les autres villes anglaises, même les stations de bains de mer, comme des « forteresses » et de les bombarder en conséquence, est à la fois une des plus saugrenues parmi les inventions allemandes et l'une de celles qui ont eu, au point de vue psychologique, le résultat le plus opposé à celui que l'Allemagne se proposait d'obtenir. L'Angleterre était disposée, au commencement de la guerre, à regarder les Allemands comme des adversaires loyaux et chevaleresques; elle poussait le scrupule et le respect du droit des gens jusqu'à permettre aux réservistes allemands qui se trouvaient à l'étranger de rentrer dans leur pays pour obéir à leur ordre de mobilisation. La population civile, d'autre part, avait une tendance très marquée à ne voir dans la guerre qu'une expédition coloniale ordinaire, dans laquelle l'Angleterre ne courait aucun danger et qui se poursuivrait suivant les méthodes usuelles, tandis que, protégé par sa bonne flotte, le peuple anglais continuerait ses affaires comme d'habitude.

Les fréquentes visites des zeppelins et des avions allemands, le bombardement des villes ouvertes et des villages anglais, le meurtre des enfants et des femmes, ont montré aux Anglais, mieux que toutes les brochures de propagande, et le danger que court l'Angleterre et quel adversaire elle a devant elle. Ces massacres ont fait « réaliser » la guerre, même par l'habitant des campagnes les plus reculées, même par l'homme le plus dénué d'imagination. Ils ont opposé la conception allemande de la guerre à la conception anglaise, suivant laquelle la guerre est une partie de jeu dans laquelle chacun risque sa vie, mais où, sous peine de forfaiture, l'on doit de part et d'autre observer les règles du *fair play*. Ils ont fait voir, au fond des idées allemandes, une absence complète de toute pensée morale qui a profondément choqué le vieil esprit puritain. Qui dira combien de volontaires les bombes jetées par les avions allemands sur la « forteresse de Londres » ont conduits au bureau de recrutement? Bien loin d'effrayer les pacifiques Anglais, comme l'espérait naïvement l'Allemagne, elles les ont exaspérés. Rien peut-être n'a été plus utile pour préparer le peuple à la conscription et à l'idée d'une lutte sans merci contre une nation aux yeux de laquelle il n'existe pas d'autre droit que le « droit du poing ».